Inhalt

Unternehmensteuerreform 2008 - Was sieht das Konzept vor?

Kernthesen

Beitrag

Fallbeispiele

Weiterführende Literatur

Impressum

GENIOS WirtschaftsWissen Nr. 12/2006 vom 04.12.2006

Unternehmensteuerrefo[r]m 2008 - Was sieht das Konzept vor?

A. Kaindl

Kernthesen

- Wichtigste Botschaft der Unternehmensteuerreform 2008: Die Steuersätze werden deutlich sinken.
- Die Steuersenkungen werden zu großen Teilen dadurch gegenfinanziert, dass die Steuerbasis sich verbreitet.
- Geplant ist u.a. eine Absenkung des Körperschaftsteuersatzes, Abschaffung der steuerlichen Berücksichtigung der Gewerbesteuer als Betriebsausgabe und Einführung einer unterschiedlichen Behandlung von einbehaltenen bzw.

ausgeschütteten Gewinnen bei Personengesellschaften.

Beitrag

Wenn die Reform tatsächlich wie geplant umgesetzt wird, dann wird sich Deutschland ab 2008 von einem Hochsteuerland für Unternehmen zu einem halbwegs attraktiven Steuerstandort in Europa entwickeln! Allerdings lauern noch einige Unwägbarkeiten wie bspw.: Einknicken der Konjunktur, Einbrechen der Steuereinnahmen, Ende der Koalition. (7)

Ziele der Reform

Nach monatelangen Verhandlungen hat sich die große Koalition im November 2006 auf das Konzept für eine umfassende Reform der Unternehmenssteuern in Deutschland geeinigt. Ziel der Reform ist, es Deutschland im europäischen Vergleich wieder konkurrenzfähiger zu machen. Derzeit erhebt die Bundesrepublik im Vergleich die höchsten Steuersätze. Mit der Absenkung wird sie im Mittelfeld liegen. Mit der Reform soll auch erreicht werden, dass die Firmen künftig wieder mehr Gewinne in Deutschland versteuern. (2), (5)

Eckpunkte der Reform

- Steuerliche Entlastung von Kapitalgesellschaften und deren Gegenfinanzierung

Für Kapitalgesellschaften beträgt derzeit die effektive Steuerlast aus Körperschaftsteuer, Gewerbesteuer und Solidaritätszuschlag im Durchschnitt 38,65 Prozent. Die große Koalition will die Steuerlast auf 29,83 Prozent senken. Insgesamt entlastet die Koalition die Unternehmen um rund EUR 30 Milliarden - die Gegenfinanzierung beträgt etwa EUR 25 Milliarden, d.h. die Steuerausfälle sollen zu Beginn nicht mehr als EUR fünf Milliarden betragen. In den Folgejahren erhoffen sich die Koalitionäre, dass durch die niedrigeren Sätze wieder mehr Unternehmen ihre Gewinne in Deutschland versteuern. Letztendlich soll die Reform zu einer Steigerung der Einnahmen führen (1), (4)

- Reform der Körperschaftsteuer

Der Satz der Körperschaftsteuer soll von 25 auf 15 Prozent gesenkt werden. Zur Gegenfinanzierung plant die Koalition eine neue Berechnungsgrundlage des Gewinns. Dazu führt sie eine modifizierte

Zinsschranke ein. Das heißt, Unternehmen können Zinsen nur steuerlich absetzen, wenn dem ein angemessen großer Gewinn gegenüber steht. Gewinn und Zinsausgaben werden ins Verhältnis gesetzt. Übersteigt das Ergebnis 30 Prozent, können die Ausgaben nicht mehr komplett abgesetzt werden. Allerdings ist ein Vortrag möglich. International tätigen Unternehmen soll damit erschwert werden, die Gewinne in Niedrigsteuerländern anzugeben, während sie die Verluste nach deutschem Recht verrechnen. Die Konzerne erhalten allerdings die Möglichkeit nachzuweisen, dass sie ihre Steuerbilanz nicht manipulieren. Dann kommt die Zinsschranke nicht zum Einsatz. (1), (2), (5)

Zusätzlich ist eine so genannte "Escape Klausel" vorgesehen. Die Zinsschranke gilt nicht, wenn Kapitalgesellschaften nachweisen können, dass etwa ihre ausländischen Töchter eine ähnliche Finanzierungsstruktur wie sie selbst aufweisen. (1)

- Reform der Gewerbesteuer

Weiterhin ergibt sich die Höhe der Gewerbesteuer aus einer komplizierten Berechnung nach der vom Bund festzulegenden Steuerzahl und dem Hebesatz der Gemeinde. Die Messzahl soll nach dem Willen des Regierungsbündnisses von fünf auf 3,5 Prozent abgesenkt werden. Die steuerliche Berücksichtigung der Gewerbesteuer als Betriebsausgabe wird entfallen. Im Gegenzug wird für Personengesellschaften die Möglichkeit geschaffen, einen deutlich höheren Anteil der Gewerbesteuer mit der Einkommensteuer zu verrechnen. Der entsprechende Faktor soll von 1,8 auf 3,8 erhöht werden. (1), (4)

Heute wird bei der Gewerbesteuer die Hälfte der Dauerschuldzinsen zum Gewinn addiert und so mitbesteuert. Zukünftig soll nicht mehr wie bisher zwischen kurzfristigen und langfristigen Kreditzinsen unterschieden werden. Stattdessen werden alle Zinsen sowie Finanzierungsanteile von Mieten, Pachten, Leasingraten und Lizenzen zu 25 Prozent dem Gewinn hinzugerechnet und besteuert. Um mittelständische Unternehmen zu schonen, ist ein Freibetrag von EUR 100 000 vorgesehen, das heißt, Zinsen und Finanzierungsanteile werden nur hinzugerechnet, wenn diese über dem Freibetrag liegen. (6)

- Entlastung der Personengesellschaften

Ein zentrales Ziel der Reform bestand in der Rechtsformneutralität, das heißt, Kapital- und Personengesellschaften sollen einheitlich besteuert werden. Personengesellschaften zahlen derzeit Einkommensteuer und damit keinen festen, sondern einen mit dem Gewinn ansteigenden Satz von maximal 42 Prozent. Die Koalition will daran im Grundsatz festhalten. Eine unterschiedliche Behandlung sollen einbehaltene bzw. ausgeschüttete Gewinne erfahren. Der einbehaltene Gewinn soll entsprechend der niedrigen Belastung der Körperschaftsteuer mit 28,25 Prozent besteuert werden. (1), (6)

Für kleinere Unternehmen wollen die Regierungspartner die Ansparabschreibung des Paragrafen sieben des Einkommensteuergesetzes verbessern. (1)

- Weitere Änderungen im Steuerrecht

Die degressive Abschreibung soll zeitgleich mit In-Kraft-Treten der Steuerreform abgeschafft werden. Ab 2008 können die Firmen während der betriebsgewöhnlichen Nutzungsdauer ihrer Wirtschaftsgüter nur einen stets gleichen Anteil ihrer Investitionskosten geltend machen, statt wie bisher am Anfang einen höheren und später einen geringeren. Für größere Unternehmen soll die Abschreibung geringwertiger Wirtschaftsgüter entfallen. (1), (6)

Die geltenden Vorschriften zu Mantelkäufen werden vereinfacht. Dabei soll effektiver unterbunden werden, dass Unternehmen marode Firmen mit dem Zweck aufkaufen, deren Verluste beim Fiskus auf den eigenen Gewinn anrechnen zu können. (1), (4)

Mit dem Trick der Ansiedlung von gewinnträchtigen Unternehmensteilen ins Ausland können international tätige Konzerne eine angemessene Besteuerung in Deutschland umgehen. Dieser Funktionsverlagerung soll Einhalt geboten werden. (1)

Die Gestaltungsmöglichkeiten im Rahmen der Wertpapierleihe werden eingeschränkt. Die bisherigen Vorschriften erlaubten es den Unternehmen Steuern zu sparen: Sie verliehen Aktien aus ihrem Handelsbestand in Form eines Sachdarlehens an eine GmbH. Diese kassiert die Dividende und zahlt der Bank eine Ausgleichszahlung. Weil die Dividende bei ihr steuerfrei ist und die Leihgebühr und die Ausgleichszahlungen voll als Betriebsausgaben absetzbar sind, konnte die GmbH so Steuern sparen. (1)

Fallbeispiele

Von den Grünen wird der vorliegende Reformentwurf kritisiert: Finanzexpertin Christine Scheel monierte, dass sich an den Gewinnverlagerungen internationaler Großkonzerne nichts ändern werde. Zudem seien die Selbstfinanzierungseffekte von rund EUR 3,5 Milliarden viel zu hoch veranschlagt. (2), (6)

Hubertus Heil, SPD-Generalsekretär, lobte die Reformvorschläge. Es sagte, dass durch die Reform die Anschubfinanzierung im Rahmen bleibe und Deutschland ein international wettbewerbsfähiges Unternehmenssteuerrecht bekommt. (2)

Die Wirtschaft reagierte insgesamt positiv auf den Entwurf der Unternehmenssteuerreform. Ludwig-Georg Braun, der Präsident des Deutschen Industrie- und Handelskammertages, sagte, die Ergebnisse der Koalitionsexperten "eröffnen Chancen für eine gute Reform des Unternehmenssteuerrechts". Positiv wurde die geplante Senkung der Steuerlast für Körperschaften auf unter 30 Prozent bewertet, dagegen wurde die geplante Ausweitung der Zinsbesteuerung in der Gewerbesteuer kritisch gesehen. (3)

Weiterführende Literatur

(1) Eckpunkte der Unternehmensteuerreform

aus WirtschaftsWoche online vom 2006-11-02

(2) Einigung auf Unternehmensteuerreform
aus WirtschaftsWoche online vom 2006-11-02

(3) O.V., Wirtschaft erfreut über Unternehmensteuerreform, Kritische Stimmen aus der Opposition und von Sozial- und Wohlfahrtsverband, Stuttgarter Nachrichten, 04.11.2006, S. 15
aus WirtschaftsWoche online vom 2006-11-02

(4) Wer wird entlastet?/Fragen und Antworten zur Unternehmensteuerreform
aus Südkurier vom 04.11.2006

(5) Union und SPD finden Kompromiss Einigung auf Unternehmensteuerreform
aus HANDELSBLATT online 02.11.2006 17:05:00

(6) Kompromiss für Unternehmensteuerreform Große Koalition entlastet Firmen
aus HANDELSBLATT online 02.11.2006 18:25:00

(7) O.V., UNTERNEHMENSTEUERREFORM, Konsequent durchsetzen, HANDELSBLATT online, 13.11. 2006
aus HANDELSBLATT online 02.11.2006 18:25:00

Impressum

Unternehmensteuerreform 2008 - Was sieht das Konzept vor?

Bibliografische Information der deutschen Nationalbibliothek

Die Deutsche Nationalbibliothek verzeichnet diese Publikation in der deutschen Nationalbibliografie; detaillierte bibliografische Daten sind im Internet über http://dnb.d-nb.de abrufbar.

ISBN: 978-3-7379-1346-1

© 2015 GBI-Genios Deutsche Wirtschaftsdatenbank GmbH, Freischützstraße 96, 81927 München, www.genios.de

Alle Rechte vorbehalten. Dieses Werk ist einschließlich aller seiner Teile – z.B. Texte, Tabellen und Grafiken - urheberrechtlich geschützt. Jede Verwertung außerhalb der Grenzen des Urheberrechtsgesetzes bedarf der vorherigen Zustimmung des Verlags. Dies gilt insbesondere auch für auszugsweise Nachdrucke, fotomechanische Vervielfältigungen (Fotokopie/Mikroskopie), Übersetzungen, Auswertungen durch Datenbanken oder ähnliche Einrichtungen und die Einspeicherung und Verarbeitung in elektronischen Systemen.